Die Geschichte von dem Osterhasen, der dem Nikolaus half

Andrea Schwarz

Die Geschichte von dem Osterhasen, der dem Nikolaus half

HERDER

FREIBURG · BASEL · WIEN

Zugegeben – der Winter ließ sich wirklich mild an in diesem Jahr. Es war bereits Anfang Dezember, und noch hatte es keinen Schnee gegeben, einige Zugvögel hatten glatt das Weiterziehen vergessen, ja, es gab sogar vereinzelt Weidenkätzchen, die sich bereits zum Blühen entschlossen hatten …

Das aber allein wäre sicher noch kein Grund für den Osterhasen gewesen, aus seinem wohlverdienten Winterschlaf aufzuwachen, denn milde Winter hatte es schon immer einmal gegeben. Sie schienen im Rhythmus der Natur vorgesehen zu sein, genauso wie es heiße oder verregnete Sommer gab, einen frühen oder späten Herbstbeginn ... – und es ist wohl auch ganz gut, dass sich die Menschen hier eben nicht mit ihren Wünschen und Vorstellungen einmischen können. Jedenfalls – in diesem Jahr erwachte der Osterhase am 3. Dezember von seinem üblichen Winterschlaf.

Ja – es ist mir durchaus bekannt, dass Hasen im Allgemeinen keinen Winterschlaf halten –, aber haben Sie sich schon einmal ernsthaft überlegt, was der Osterhase eigentlich nach Ostern macht? Für die paar Tage ist der Osterhase sinnvoll und nützlich,

aber dann ... was würden Sie zum Beispiel im Sommerurlaub mit einem Osterhasen anfangen wollen? Sehen Sie – genau das hat der Osterhase erkannt und sich entsprechend darauf eingerichtet. Nach dem Stress zu Ostern erholt er sich erst einmal, indem er in Urlaub geht. Im Juli und August läuft er ein bisschen in den Städten und auf dem Land herum, um sich zu informieren, was es so Neues gibt – irgendwoher muss er ja auch erfahren, welche Ostereier er im folgenden Jahr bringen soll.

Dann aber, wenn sich die Blätter an den Bäumen herbstlich färben, wenn die Felder leer und abgeerntet sind, zieht sich der Osterhase in sein kleines Häuschen zurück, macht die Fensterläden

zu, stellt den Wecker auf Aschermittwoch – und beginnt einen ausführlichen Winterschlaf. Sicher – es war immer schon einmal vorgekommen, dass er vor der Zeit aufwachte, sei es, dass der Sturm draußen besonders kräftig heulte, ihm die Decke heruntergerutscht war oder er irgendetwas Dummes geträumt hatte. Dann holte er sich ein Kohlblatt, knabberte ein wenig daran herum – um sich schließlich erneut die Decke über die Ohren zu ziehen und eine nächste Runde Schlaf zu beginnen.
Die kommende Ostersaison würde wieder genug Kraft kosten …

3.
DEZ

In diesem Jahr aber sollte es anders kommen – der Osterhase ahnte es bereits, als er aufwachte und statt der wohlig-vertrauten Müdigkeit hellwach war. Vorsichtshalber schaute er zum Fenster hinaus – aber es war eindeutig Winter, auch wenn kein Schnee lag. Letzte braune Blätter hingen an den Ästen der Bäume, ein milchigweißer Nebel hing über der Landschaft – ach, Sie kennen ja diese novembrigen Tage, die sich immer wieder einmal in den Dezember hinüberschleichen.

Der Osterhase war unruhig – er spürte, dass irgendetwas anders war als sonst, wenn er zwischendrin aus seinem Winterschlaf einmal aufwachte. Er hob die Nase in die Luft und schnupperte – aber da war nichts. Vorsichtig öffnete er die Tür, linste hinaus und stellte seine langen Ohren in die Höhe – aber er konnte nichts Ungewöhnliches sehen oder hören. Seltsam, ihn ließ diese Unruhe nicht los ... was um alles in der Welt war passiert?

Er spürte, dass er nicht wieder würde einschlafen können, und so holte er sich schließlich seufzend Schal, Pudelmütze und Handschuhe, die er vorsichtshalber in seiner Kommode liegen hatte, zog die selbst gestrickten Socken an – auch der März konnte manchmal noch sehr kalt sein –, schlüpfte in seinen Anorak hinein und verließ seine Hütte, um nachzusehen, was denn da wohl passiert sei …

Entschlossen hoppelte er den vertrauten Waldweg entlang – und er brauchte gar nicht weit zu gehen, bis er plötzlich ein Schluchzen und Klagen hörte, und als er näher kam, sah er einen großen dicken und gemütlichen Mann weinend auf einer Bank hocken. Der Mann war in einen roten Mantel gekleidet, die Säume waren fein mit weißem Pelz abgesetzt, er hatte feste Stiefel an und dicke Handschuhe … und er weinte …

Zögernd und etwas unschlüssig hoppelte der Osterhase näher, der Mann aber nahm keinerlei Notiz von ihm, so sehr war er in seinem Kummer versunken. Der Hase kratzte sich mit einer Pfote am Kopf, dachte kurz nach – und hoppelte schließlich auf den Mann zu, setzte sich vor ihn hin und beäugte ihn aus seinen kleinen, blitzenden Augen. Er räusperte sich kurz, damit der Mann nicht allzu sehr über sein Auftauchen erschrecken sollte, und sagte schließlich: „Kann ich Ihnen irgendwie behilflich sein?"

Der Mann blickte auf, sah den Hasen, schluchzte noch einmal auf, schluckte und sagte schließlich zögernd: „Danke – das ist nett von Ihnen, aber ich glaube, da gibt es nichts zu helfen ..."

„Was ist denn los?", fragte der Osterhase neugierig und kletterte auf die Bank. „Ich mein', Sie brauchen es mir nicht zu erzählen oder so – aber vielleicht tut es Ihnen auch ganz gut ..."

Der Mann schaute den Hasen an und sagte: „Eine Katastrophe ist passiert – das ist es. Und ich weiß nicht, was ich machen soll ..."

Der Hase wackelte aufmerksam mit seinen langen Ohren. „Was für eine Katastrophe denn?"

Der Mann seufzte. „Wissen Sie, ich bin der Nikolaus …, und in drei Tagen soll ich die Geschenke an die Kinder verteilen. Die Geschenke sind alle vorbereitet – und es wäre eigentlich gar keine große Sache, wenn ich sie mit meinem Rentierschlitten ausfahren könnte. Aber jetzt komme ich gestern in meinen Stall und – die Rentiere sind fort!"

„Die Rentiere sind fort?", fragte der Hase aufmerksam nach.

„Ja", erwiderte der Nikolaus – „stellen Sie sich das einmal vor! All die Kinder, die auf ihre Geschenke warten, und ich kann nicht zu ihnen!"

Der Osterhase dachte kurz nach, dann sagte er zum Nikolaus: „Also, ich stell' mich am besten auch kurz vor – ich bin der Osterhase –, und mir liegen die Kinder genauso wie Ihnen am Herzen ..."

Der Nikolaus unterbrach ihn: „Was, Sie sind der Osterhase? – Sie wollte ich schon immer einmal treffen!"

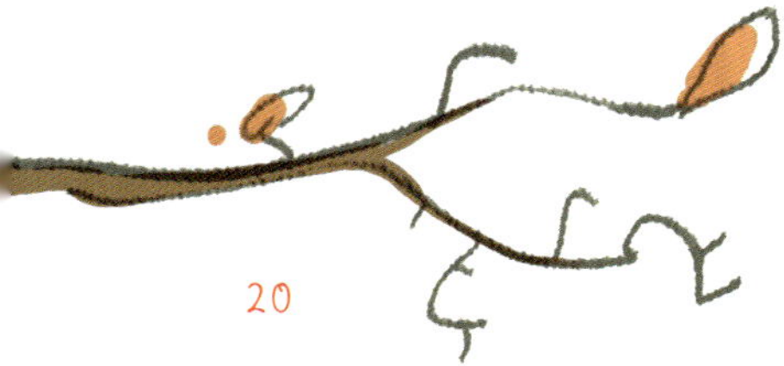

„Schön“, sagte der Osterhase, „das geht mir genauso – aber ich glaube, im Moment haben wir beide Wichtigeres zu tun – oder?“

Der Nikolaus nickte bekümmert: „Ja, das kann man wohl sagen – wie um alles in der Welt soll ich nur die Geschenke zu den Kindern bringen?“

„Hast du irgendeine Idee, wer die Rentiere gestohlen haben könnte?“, fragte der Osterhase, auf das etwas vertraulichere „Du“ umschwenkend, die Situation an sich war ja schon schwierig genug.

„Nein", sagte der Nikolaus traurig, „hoffentlich behandelt er sie gut."

Der Osterhase kratzte sich am Kinn – es war wohl wenig aussichtsreich, den Rentieren nachzuspüren. Die Frage war, wie die Kinder pünktlich in drei Tagen ihre Geschenke bekommen sollten.

Der Osterhase war ans Organisieren gewöhnt … wie sonst könnte er immer seine Ostereier rechtzeitig zu den Menschen bringen? Im Moment aber fühlte er sich doch leicht überfordert …

Er sprang von der Bank, hoppelte etwas ratlos den Waldweg auf und ab und kratzte sich dabei gelegentlich hinter seinem großen Ohr. Ihm war klar, sie beide allein würden es nicht schaffen, die Geschenke rechtzeitig zu verteilen – und dass die Kinder ohne Geschenke blieben … das ging nun wirklich nicht. Man müsste also Hilfe herbeiholen – aber wen?

„Wie groß und schwer sind denn diese Geschenke?", fragte der Osterhase, als er wieder einmal am Nikolaus vorbeihoppelte, der traurig auf seiner Bank saß.

„Och", sagte der Nikolaus, „manche sind schon ganz schön schwer ... weißt du, die Menschen werden halt auch immer anspruchsvoller."

„Zu schwer, um von einem Hasen transportiert zu werden?", fragte der Osterhase nach.

„Ach, du denkst wohl an deine Kollegen, die dir zu Ostern immer helfen? Hm – ich glaube nicht, dass sie das schaffen. Weißt du, manche Kinder bekommen schwere Bücher geschenkt, ein Schaukelpferd oder gar irgendeinen Metallbaukasten. Das ist schon etwas unhandlicher als ein Osterei ..."

Das sah der Osterhase ein, zumal seine Hasenkollegen zu dieser Jahreszeit nicht allzu viel auf den Rippen haben dürften …

„Hm", dachte der Osterhase laut, „das ist wirklich schwierig … Metallbaukästen und Schaukelpferde – das geht nun wirklich nicht. Aber muss es denn auch unbedingt so etwas sein?"

Der Nikolaus wurde hellhörig: „Ja, aber, was sollen die Kinder denn sonst bekommen? Ein Nikolaustag ohne Geschenke – das geht doch nun wirklich nicht …"

Der Osterhase stimmte ihm spontan zu: „Klar – aber muss es denn in diesem Jahr durchaus das Schaukelpferd sein?

Gäbe es nicht sonst noch etwas, über das sich die Kinder freuen würden?"

Osterhase und Nikolaus verfielen in tiefes, schweigendes Nachdenken ...

„Halt! Ich hab's!", rief der Osterhase plötzlich.

„Was?", fragte der Nikolaus leicht aufgeregt nach.

„Weißt du, was alle Menschen ganz notwendig brauchen?"

Der Nikolaus legte seine Stirn in Falten: „Geld vielleicht? Aber wir beide haben doch gar kein Geld ..."

„Quatsch", reagierte der Osterhase heftig, „hast du schon mal was wirklich Lebenswichtiges gesehen, was sich mit Geld kaufen ließe – mal abgesehen von etwas zu essen und einem Dach über dem Kopf? Zärtlichkeit und Liebe jedenfalls kannst du mit Geld nicht bezahlen, auch wenn viele Menschen das meinen ..."

„Und du meinst ...?", fragte der Nikolaus zögernd.

„Ja, ich meine!" rief der Osterhase triumphierend. „Wir schenken den Menschen in diesem Jahr das, was sie so notwendig brauchen – nämlich Liebe und Zärtlichkeit!"

Der Nikolaus wurde nachdenklich: „Du, die Idee ist nicht schlecht – aber wie willst du das machen? Ich kann doch nicht einfach zu einem Menschen hingehen und ihm 500 Gramm Zärtlichkeit schenken ...?

Der Osterhase nickte: „Da hast du ganz recht, denn auch Zärtlichkeit und Liebe sind etwas, das mir nicht nur passiv geschenkt wird, sondern zu dem ich etwas dazutun muss. Aber warum den Menschen diese Chance nicht einfach geben? Vielleicht ist das sogar besser als das Schaukelpferd und der Metallbaukasten ..."

„Ja das stimmt – ein bisschen Liebe und Zärtlichkeit hätten die Menschen wirklich nötig, aber wie wollen wir ihnen das denn schenken?"

Der Osterhase schmunzelte: „Das lass mal meine Sorge sein – ich hab da ein paar Freunde, die vielleicht mitarbeiten …" Er hoppelte ein wenig abseits und schlug mit der Pfote auf den Boden: kurz, kurz, lang, kurz …

Einige Minuten vergingen – und aus dem Wald, vom nahegelegenen Feld kamen Hasen her, einzelne zuerst, dann Dutzende, bis schließlich Hunderte oder gar Tausende dicht gedrängt auf der Waldwiese standen.

Ein etwas älterer Hase tat einen Sprung nach vorne und fragte: „Was ist los, Osterhase? Hast du dich etwa in der Jahreszeit vertan?"

„Nein", erklärte der Osterhase. „Ich möchte euch gerne dem Nikolaus vorstellen – und wir beide haben ein Problem. Dem Nikolaus sind die Rentiere gestohlen worden – und doch sollen die Menschen nicht ohne Geschenke bleiben … und ich habe euch gerufen, um zu fragen, ob ihr uns dabei helfen wollt."

„Klar", sagte der ältere Hase, „natürlich helfen wir euch, wenn wir können – oder?" Er sah sich fragend bei den Hasen um und erhielt ein allgemeines Kopfnicken und Gebrummel. „Was sollen wir denn tun?"

„Weißt du, wir haben überlegt, was die Menschen notwendig brauchen, und wir glauben, sie brauchen eigentlich keine Schaukelpferde und Metallbaukästen, sondern sie brauchen Nähe, Liebe und Zärtlichkeit. Habt ihr nicht Lust, diese Botschaft den Menschen am Nikolaustag zu überbringen?"

Der ältere Hase kratzte sich am Kinn und dachte nach. „Das ist keine einfache Aufgabe", sagte er schließlich, „die Menschen warten auf Schaukelpferde und Metallbaukästen, und da soll ich kommen und sagen, das sei nicht wichtig? Wie stellst du dir das denn vor?"

„Tja", seufzte der Osterhase, „einfach ist das sicher nicht. Aber ich habe eine Idee: Wenn jeder von euch am Nikolaustag einen Menschen besucht und ihm diese Botschaft nicht einfach nur ausrichtet, sondern sie ihn auch erleben lässt – dann könnte es vielleicht gehen ..."

Der Nikolaus schaute den älteren Hasen bittend an und sagte: „Ich glaub, es wäre wichtig …"

Der Hase drehte sich um und sagte zu seinen Kollegen: „Die beiden trauen uns 'ne Menge zu – schaffen wir das denn?" Zögernd nickten die Hasen …

Der Osterhase ergriff nochmals das Wort: „Ihr sollt nichts Unmögliches tun. Geht einfach zu den Menschen, klopft an

ihre Tür und sagt: Wir möchten euch die Botschaft bringen, dass Liebe wichtiger ist als Geld. Einige werden euch rauswerfen, andere aber werden euch zu einem Tee einladen und nachfragen, wie ihr das meint – und wenn ihr miteinander ins Gespräch kommt – dann ist Nikolaustag ...!"

Aufgeregt und nachdenklich murmelten die Hasen untereinander – aber dann sagte der ältere Hase: „Gut, probieren können wir es ja einmal – aber ob uns die Menschen eine solche Botschaft glauben werden?"

Und so geschah an diesem Nikolaustag etwas sehr Seltsames: Hunderte und Tausende von Hasen hoppelten in die Städte und Dörfer, klopften mit ihrer Pfote an Haustüren und sagten: „Ich hab eine Nachricht für euch!" – und manche Menschen ließen sie in ihre Wohnung ein und fragten und …

… und als der Nikolaus und der Osterhase an diesem Abend durch die Straßen gingen und in die erleuchteten Fenster hineinschauten, sahen sie Wundersames: Ein kleines Mädchen hatte einen Hasen auf dem Schoß und streichelte ihn zärtlich, eine alte Frau schabte eine

Karotte für den Hasen, der bei ihr zu Besuch war, der clevere Wirtschaftsmanager ließ sich von einem Hasen erklären, wie man am besten mit den Ohren wackeln könnte (zugegeben, der Hase war leicht im Vorteil), eine Marktfrau packte ihrem Hasen gerade eine große Tüte mit Gemüse zusammen – in der Polizeiwache saß ein Hase und trank mit den Polizisten Tee, fünf Hasen hatten sich das Krankenhaus vorgenommen und zeigten erste Anzeichen von Bauchschmerzen aufgrund der vielen Süßigkeiten,

die sie bekommen hatten – und ein Hase war sogar in eine Kirche gehoppelt und hatte sich unter das große Kreuz gesetzt, damit auch Gott an diesem Abend nicht ganz allein sei.

Der Osterhase und der Nikolaus schauten sich höchst zufrieden an.

„Ich glaube, das ist der schönste Nikolaustag, den ich bisher erlebt habe", sagte der Nikolaus nachdenklich – und wenn der Nikolaus das sagt, so will das schon was heißen.

„Doch", schmunzelte der Osterhase vergnügt, „ich glaube auch, wir haben heute Abend einige Menschen und einige Hasen glücklich gemacht …"

„Aber, was mach ich denn nun mit all den Geschenken?", fragte der Nikolaus plötzlich nachdenklich.

„Weißt du was", sagte der Osterhase, „heb sie halt auf fürs nächste Jahr. Es wird immer Menschen geben, die glauben, ein Metallbaukasten sei wichtiger als Liebe – nun gut, dann bekommen sie halt erst einmal diesen Metallbaukasten, und in zwei, drei Jahren sehen wir vielleicht weiter ..."

Damit wäre eigentlich diese Geschichte fast zu Ende – aber drei Dinge muss ich noch erzählen:

Der Nikolaus und der Osterhase verbrachten einen langen Abend miteinander – sie freuten sich wirklich von Herzen, dass dieser Tag so gut gelungen war, und feierten nach all der Aufregung ein wunderschönes Fest. Gemütlich saßen sie beim Tee zusammen, tauschten sich über ihre Erfahrungen und Erlebnisse aus – und fanden sehr viel Gefallen aneinander. Vielen Hasen und vielen Menschen aber gefiel dieser Nikolausabend so gut, dass sie spontan beschlossen, dieses Treffen im nächsten Jahr zu wiederholen – und ich glaube nicht, dass es nur Zufall war, dass die Hasen während der kommenden kalten Wintertage immer wieder einige Kohlköpfe an Feldrändern fanden.

Die größte Überraschung aber erlebte der Nikolaus bei seiner Heimkehr am späten Abend. Ordentlich im Stall angebunden standen seine Rentiere, duftendes Heu in der Raufe – und an der Tür hing ein Zettel: „Ich hab mir deine Rentiere in diesem Jahr mal kurz ausgeliehen, damit die Menschen endlich einmal erfahren, dass Liebe und Zärtlichkeit wichtiger sind als Metallbaukästen und Schaukelpferde – Gottvater."

Der Nikolaus brummelte vor sich hin. „Das hättest du mir ja auch sagen können …", meinte er schließlich in leicht vorwurfsvollem Ton – aber im Grunde seines Herzens war er eigentlich ganz zufrieden damit, wie das alles in diesem Jahr gelaufen war …

www.herder.de

Umschlagmotiv und Illustrationen im Innenteil:
Michael Mantel

Gesamtgestaltung und Satz:
Christina Krutz, Biebesheim am Rhein

Druck: Graspo, Zlín

Gedruckt auf umweltfreundlichem,
chlorfrei gebleichtem Papier

Printed in the Czech Republic

ISBN 978-3-451-34764-1